NOTICE

SUR

ALEXIS-MICHEL TALVANDE,

PAR M. EMMANUEL HALGAN.

PAR une des tristes journées de ce rude hiver, un cortége nombreux suivait un cercueil. Ce n'était pas un homme chargé de jours et accompagné d'une longue postérité qui marchait ainsi vers le champ du repos; — non, Dieu avait enlevé bien jeune encore de cette terre celui auquel on rendait ces derniers honneurs. — Ce n'était pas un de ces hommes de puissance et de richesses que l'entourage du luxe suit après leur trépas, comme une dernière protestation qui expire au bord de la tombe; non, celui que nous pleurions n'avait qu'une fortune modeste et des goûts plus modestes encore…. mais nous le pleurions; et notre douleur trouvait un écho dans un grand nombre d'âmes. Un sentiment sympathique semblait avertir chacun qu'il y avait dans la mort d'Alexis Talvande quelque chose de plus qu'un malheur de famille, que c'était réellement une perte sociale; et cette corde sonore n'avait pu se briser sans faire vibrer fortement une corde secrète au fond de bien des cœurs.

C'est auprès même de ce cercueil que plusieurs amis m'engagèrent à rendre un dernier hommage à la mémoire de notre ami. — Là, qui aurait pu en avoir la force n'eut pas été digne de remplir ce pieux devoir; plus tard, il appartenait à d'autres plus encore qu'à moi de s'en acquitter. Mais on a insisté, on m'a remis ses manuscrits, sa correspondance ; j'ai tout examiné avec un soin religieux, je suis entré dans ses plus secrètes pensées, et si, vivant je l'aimais, aujourd'hui je le chéris davantage. Je me suis donc mis à l'œuvre, sinon avec le talent, du moins avec des sentiments dignes du sujet.

Alexis-Michel Talvande naquit à Nantes, le 8 octobre 1800. Bien jeune encore, il perdit sa mère ; mais dans de telles circonstances la Providence sait enseigner aux pères la tendresse maternelle, et chargés d'un double devoir, ils sont aussi animés d'un double amour. Près de lui s'élevait un frère d'un âge rapproché du sien, et dont l'union avec lui fut toujours d'autant plus intime que chacun d'entre eux l'emportait par des qualités diverses : ils étaient l'un pour l'autre un complément en quelque sorte indispensable. C'est dans ce cercle étroit de famille qu'Alexis Talvande passa ses premières années. — Ses études se terminèrent au Collége royal de Nantes : j'étais son condisciple, et je me souviens bien que la capacité de son esprit se manifestait déjà par des succès scolastiques ; je me rappelais également que nous applaudissions entre nous à ses premiers essais poétiques, et c'est avec attendrissement que j'en ai retrouvé et reconnu quelques-uns au milieu des manuscrits qui, m'ont été confiés. Je les ai relus, et mon approbation d'homme n'a point démenti mon admiration d'enfant : l'inspiration y existe, et je ne m'en étonne pas : il est certaines âmes qui, frappées des premières clartés du soleil de l'intelligence, s'épanchent en poésie aussi naturellement que les oiseaux chantent aux premiers rayons de l'aurore.

C'est alors, c'est dans ces premières belles années de jeunesse que Talvande brillait entre nous dans des réu-

nions dont beaucoup ont conservé le souvenir : combien en
effet de nos contemporains aiment à reporter leur mémoire vers ces promenades aux Dervallières, si nourries
de bonnes conversations : là, où si unis de cœur, si diver-
gents d'idées, nous traitions si souvent les mêmes questions
en repassant dans les mêmes sentiers. Art, littérature, politique, tout y était abordé ; tout y était pour tous sujet de
délibération, et nul ne s'effrayait alors de conclure sur rien.
Nous attaquions surtout les grands problèmes de la méta-
physique avec une confiance en nos propres forces et une
intrépidité juvénile admirables : nous étions dans ces premières années de paix qui suivirent la restauration, et nous
marchions à l'assaut de la vérité comme dix ans plus tôt nous
nous serions élancés à l'assaut d'une redoute. C'est dans ces
luttes métaphysiques notamment que se manifestaient, en
se développant, les forces morales d'Alexis Talvande, et
qu'il y dominait en quelque sorte par cette réunion si rare
d'un esprit positif avec une âme aimante. Si je m'arrête sur
ces circonstances de jeunesse, sur ces promenades philoso-
phiques à la manière des anciens, c'est que je suis con-
vaincu de leur influence sur la vie entière d'Alexis, et non-
seulement sur sa vie spéculative, mais sur sa vie d'homme
d'affaires, où ses facultés plus appréciables de tous ne pou-
vaient être méconnues. Un membre de l'Institut, que l'on
n'accusera pas d'être un rêveur, établissait dernièrement
que les études théologiques étaient une excellente prépa-
ration à la science de l'ambassadeur ou du ministre d'état :
on s'est étonné de cette vérité comme d'une révélation
inattendue, et l'on a eu tort. Etait-il donc si surprenant de
dire que l'étude habituelle des causes amène à calculer plus
facilement les effets ?

A la fin de l'année 1820, Alexis Talvande entreprit l'é-
tude du droit : dans cette intention, il se rendit à Paris. Là

d'anciennes relations de famille et d'affaires le mettaient
en rapport avec des magistrats qui lui faisaient entrevoir
une entrée brillante dans les rangs de l'ordre judiciaire : son
mérite lui attira des offres plus séduisantes peut-être encore pour la carrière diplomatique ; mais il résista à tout.
Il se sentait au cœur un grand ennui de sa famille éloi-
gnée ; et sachant dès lors juger et des autres et de lui-même,
il écrivait à un ami, à son meilleur ami de toute la vie :
« Il est probable que Paris ne me reverra pas la prochaine
» année. Tu m'accuses de légèreté , d'inconstance, de folie.
» C'est au contraire la raison qui m'a fait prendre ce parti ;
» je ne me suis décidé qu'après les plus mûres réflexions.
» J'ai vu qu'en embrassant la carrière du droit, je laissais
» le certain pour l'incertain ; que cette étude m'éloignait
» pendant trois ans et peut-être pour toujours de ma famille
» et de mes amis , pendant que je puis vivre fort tranquil-
» lement au milieu d'eux, en travaillant avec mon père. Je
» me connais ; j'ai le caractère ardent, ambitieux ; je suis
» persuadé qu'en mélançant dans une carrière où l'ambition
» ne voit point de bornes, je pourrais faire le malheur de
» ma vie. Nous sommes tous appelés à remplir une profes-
» sion, le difficile est de la distinguer. » Je ne transcris pas
sans émotion ces lignes où une sagesse de vingt ans sait si
bien apprécier et sa position et le danger où l'entraîneraient
l'élan et l'ambition de son âme , âme ambitieuse sans doute,
car l'infini seul a pu la satisfaire.

Talvande ne resta donc qu'un an à Paris : riche d'idées
nouvelles, armé d'une résolution sagement conçue, et cou-
rageusement prise, il entra dans la carrière commerciale, et
acquit promptement les connaissances nécessaires pour la
parcourir avec succès ; mais tout le temps de son séjour à Paris
n'avait pas été donné aux études sérieuses ; ou plutôt,
je me trompe, il y avait étudié très-sérieusement une science

que l'on classe ordinairement parmi les arts d'agrément, parmi les arts futiles en quelque sorte, la musique. M. Galin avait alors ouvert dans la capitale ses premiers cours de musique, selon la méthode alors nouvelle du méloplaste. Talvande fut successivement son auditeur, son élève, son ami; il devint, à son retour à Nantes, l'apôtre de la méthode nouvelle. Cette méthode réduisant et ramenant tout à deux faits de sentiment dans l'organisation de l'homme, la mesure et la tonalité, cette méthode, dis-je, convenait parfaitement au genre d'esprit d'un homme pour qui toute routine était essentiellement antiphatique, qui avait l'habitude de chercher en toutes choses la raison première, et qui ne s'engageait dans aucune route sans être certain d'y voir bien clair. J'ai sous les yeux deux feuilletons du *Journal de Nantes*, des 20 avril et 6 mai 1825, dans lesquels Talvande expose l'ensemble de la méthode du méloplaste, et répond à quelques objections qui étaient faites contre elle : il est impossible de dire plus de choses en moins de mots, de répondre et de discuter avec plus d'habileté. Je ne puis ici citer ces articles, et c'est un regret; ils contiennent des réflexions d'une haute portée, notamment sur la distinction à faire entre l'art qui crée, et la science qui enseigne à apprécier les créations de l'art.

Mais, avant ces publications, Talvande ne s'était pas borné à l'exposition et à la défense écrite de la méthode de M. Galin, il avait prêché d'exemple; il avait rassemblé autour de lui des amis devenus ses élèves; quelques maîtres de l'art vinrent eux-mêmes prendre de ses leçons; l'étude du chant, surtout celle du chant simultané, devint à Nantes plus qu'une mode, et le goût de bonne musique qu'en cette ville ont conservé ceux-mêmes qui ne sont pas musiciens, est dû en partie peut-être à l'impulsion donnée alors par Talvande.

Dans ces mêmes temps, sur une terre où l'antiquité païenne a laissé ses plus beaux souvenirs, le sang chrétien coulait pour la liberté chrétienne. Talvande ne pouvait manquer de faire partie de cette croisade de talents qui se forma alors en faveur de la Grèce : il publia, dans le *Lycée Armoricain*, deux pièces de vers en faveur de cette noble cause : dans l'une, il célébrait l'héroïque martyre des héros de Missolonghi ; l'autre était adressée à M. de Châteaubriand et donna lieu entre le jeune auteur et le grand écrivain à des relations qui, j'ose le dire, honoraient et l'un et l'autre ; car la force ne se manifeste jamais mieux que lorsqu'elle soutient, et le génie n'est jamais mieux le génie que lorsqu'il encourage.

Une âme tendre comme celle de notre ami ne pouvait demeurer solitaire. Il se maria en 1829, et l'épouse que son cœur avait choisie répondait à son amour par un amour égal, à son dévouement sans réserve par un dévouement plus grand encore.... Elle était digne de lui.

Hélas ! dans des unions telles que la leur, la sympathie est si complète, la félicité est si grande, la terre est si douce à habiter qu'on en oublierait le ciel. Et si alors la Providence menace ou frappe, on doit lui rendre grâce même de ce que les hommes ne peuvent s'empêcher d'appeler malheur. Est-ce donc un malheur pour le voyageur endormi au milieu des sables du désert menaçant de l'engloutir, qu'on vienne le réveiller brusquement et qu'on lui montre de loin l'oasis où coule la source dont un doux rêve lui avait fait entendre le murmure ?

Cette épreuve ne manqua pas à Alexis : la naissance de sa fille aînée mit sa femme dans un imminent danger. Je partageai ses alarmes, je fus témoin de ses angoisses ; c'est entre mes bras qu'il a pleuré. Pauvre femme, elle pleure aujourd'hui à son tour. Ah ! mêlons nos larmes aux siennes, et n'en rougissons pas ; celui qui n'eut jamais de pleurs dans les yeux n'eut jamais d'amour dans l'âme.

La révolution de 1830 amena Talvande à une sorte de vie publique ; non qu'il eut désiré ou provoqué ce grand événement, mais il l'avait prévu comme une conséquence logique et inévitable de fautes faites ; mais il sentait que jusqu'à ce que cette *secousse douce en apparence, mais profonde, fût usée par le temps* (1), il y avait nécessité pour tous les esprits de quelque portée de s'unir étroitement, pour rappeler la société à ses règles, les hommes à leurs devoirs. A ces titres, il prit part à l'admirable mouvement de résistance de 1831, par lequel, plus heureux que nos pères, nous pûmes modérer cet élan où, quatre ans plus tôt, la France éclairée s'était abandonnée, à partir des élections de 1827 ; à ces titres aussi, Talvande accepta diverses fonctions de bienfaisance ou d'utilité publique. Ainsi, il fut successivement membre du conseil de surveillance de l'Ecole Mutuelle, administrateur de la Caisse d'Epargnes, secrétaire de la Société Industrielle, etc. Quelque ami qu'il fût du silence du cabinet et des études solitaires, il appréciait qu'il est des temps où chacun doit descendre sur la place publique, et où il est nécessaire de prouver au peuple que les hommes d'ordre et de devoir sont les véritables hommes de progrès.

On lui a reproché quelquefois des décisions trop arrêtées, des convictions trop peu flexibles. Il est possible qu'il y ait quelque chose de juste dans ce reproche ; mais aucune croyance n'était adoptée par lui qu'après des méditations profondes, qu'avec une foi sincère ; et si, ensuite il l'exprimait, s'il la soutenait trop énergiquement, était-ce bien à ces consciences molles qui flottent à tout vent de doctrine à l'en accuser ?

____

(1) Méditations, page 24.

Nous ne suivrons pas Talvande dans ces diverses fonctions,
ni dans les articles assez nombreux qu'il livra alors à la presse
périodique; néanmoins nous en distinguons parmi ceux-ci
un dans lequel nous retrouvons toute son éloquence et toute
son âme. Quatre jeunes gens avaient été traduits en Cour
d'assises, sous une accusation capitale : « Conscrits, on leur
» avait conseillé d'être réfractaires; —réfractaires, on leur
» avait donné un fusil — et cette arme, qu'en avaient-ils
» fait? » — Sur ces circonstances, Talvande adresse aux
incitateurs de guerre civile une des plus belles adjurations
que l'esprit de paix et de charité ait inspirées au cœur d'un
homme de bien (1); et se retournant du côté de ces jeunes
réfractaires abusés et combattant pour un intérêt qui n'était
pas le leur, il s'écrie : « Pauvres victimes! on vous a dé-
» vouées comme les anciens sacrifiaient à leurs divinités impla-
» cables.» — C'est par de telles paroles, et non par des inju-
res grossières et irritantes que l'on parvient à se faire entendre même de ses adversaires, et que l'on peut arrêter
l'effusion du sang entre concitoyens.

Ce qui distinguait éminemment la politique de Talvande,
c'était en effet cet éloignement contre tout moyen de coac-
tion physique que lui inspirait sa foi si haute et si ferme dans
l'intelligence humaine: FAIRE COMPRENDRE, ÉMANCIPER LES
ESPRITS, telles étaient les paroles qui revenaient souvent sous
sa plume et dans ses discours; peut-être même allait-il trop
loin à cet égard, et sa nature si élevée se refusait peut-être
trop à admettre qu'il est des natures si perverties que l'intelligence est éteinte en elles, que tous moyens de persua-
sion sont impuissants à leur égard, et qu'il faut bien agir
par la force vis-à-vis de celui qui ne croit plus qu'à la force.
Mais il était animé d'une noble et belle conviction, lorsqu'il

---

(1) Journal le *Breton*, 22 décembre 1833.

conjurait ceux qui avaient défendu avec lui l'ordre et les lois
de ne pas désespérer de la liberté de la presse, si long-
temps préconisée par eux, lorsqu'il leur disait: « On ne tue
» pas les idées par la force et la violence; on combat les
» idées avec les idées (1). » Aux autres, il disait : « Il serait
» temps enfin de rappeler la presse à cette haute mission ci-
» vilisatrice qui lui appartient; il faut changer cette arme
» de désordre et de trouble en instrument de paix et de
» progrès........ Appel donc à toutes les puissances aimantes
» et intelligentes..... Quant à nous, non-seulement nous
» continuerons de parler, mais nous prêcherons d'exemple.
» Si Dieu ne nous a pas donné le pouvoir du génie, il nous
» a dit: Le flot pousse le flot vers la rive (2). » — Celui
qui parlait ainsi avait le droit d'ajouter: « Nous aimons la
» liberté autant et plus que qui que ce soit peut-être, mais
» nous la voulons possible; nous voulons la liberté avec
» l'ordre, nous la voulons avec Dieu? » (3).

La liberté avec l'ordre, la liberté avec Dieu : en ces deux
mots l'âme de Talvande est résumée.

Chose étrange, cet homme, dont les gens soi-disant po-
sitifs parlaient souvent comme d'un théoricien perdu dans
ses rêveries nuageuses, cet homme, toutes les fois qu'il in-
tervint dans des questions d'actualité et d'intérêt matériel,
prit tout d'un coup dans ces discussions une haute puissance, semblable en quelque sorte à ces prophètes des anciens jours qui, à l'heure du danger, sortaient de leur soli-
tude et gouvernaient le peuple. Dans deux circonstances
surtout l'influence de Talvande fut grande, et de même, dans la
discussion du tarif des houilles, il combattit en tête de co-

***

(1) *Breton* du 27 août 1835.
(2) *Breton* du 10 janvier 1837.
(3) *Breton* du 27 janvier 1837.

lonne pour le principe de l'égalité des charges, et arracha du gouvernement, sinon une rétractation, du moins une modification importante à une décision prise; de même, précédemment il avait, à l'égard du tracé de la route du Loroux, défendu avec succès l'intérêt gouvernemental contre la pression de certains intérêts particuliers.

C'est au sujet de ces questions d'intérêt local qu'il entra avec M. Dubois, député de ce département, dans une correspondance qui d'officielle ne tarda pas à devenir intime. La nature toute confidentielle de ces lettres m'interdit de faire participer le lecteur au spectacle de cet échange de hautes et bonnes idées; noble commerce d'intelligence à intelligence que l'amour de l'humanité anime et que la pensée toujours présente de Dieu domine.

Cette pensée de Dieu intervenant dans le gouvernement des affaires humaines et de l'homme se conformant dans la sphère d'action qui lui a été donnée à la volonté de Dieu, cette noble pensée s'empara complétement de Talvande, et il la développa dans un ouvrage intitulé *Méditations sur les temps présents*, qu'il publia en 1835 (1). Dans les six méditations qui composent ce volume, il mit toute son âme ou plutôt il dépensa sa vie attaquée dès lors par les premières atteintes de la phthisie à laquelle il a succombé; et, par une sorte d'assimilation symbolique, déjà remarquée en d'autres que lui, un souffle brûlant dévorait son existence, de même qu'un souffle de génie et d'amour consumait son âme.

Point de société sans Dieu, point de gouvernement sans Dieu, point d'action de Dieu hors du christianisme et sans l'intermédiaire de Jésus-Christ, appel à la foi en faveur de la science, appel à la science en faveur de la foi, le salut de l'avenir résultant de l'union de la foi et de la science; telle

(1) Nantes, imprimerie de Mellinet.

est la rapide analyse de ce livre remarquable. Mais dans ce livre chaque mot porte coup, chaque phrase contient une pensée profonde ou une image brillante : sous ce rapport, il n'est pas analysable, il faut le lire.

Hélas ! nous l'avons relu dans une circonstance bien solennelle : alors que l'âme de notre ami s'était réunie à son Dieu, mais que son corps n'avait pas encore été rendu à la terre, le soir de son trépas, dans cette veillée funèbre qui ne pouvait être consacrée qu'à lui, nous prîmes son livre et nous lûmes ; et loin de nous, sous un autre toit, la même pensée avait inspiré de la même manière un ami bien digne de comprendre et d'aimer Talvande : son œil était fixé sur les mêmes pages, et il lisait aussi.

Et l'un de nous s'arrêtait peut-être sur ce passage :

« En vain, le monde s'agite palpitant d'efforts et d'im-
» puissance, il veut rejeter les formes usées du passé et
» s'élancer aux champs de l'avenir. — Qu'est-ce que l'ave-
» nir sans la pensée de Dieu ? — Une mer sans rivages,
» labourée par les vents et grosse de tempêtes, gouffre ou-
» vert aux convulsifs délires de l'humanité, gouffre où
» s'engloutissent les générations aussi pressées, aussi nom-
» breuses que les grains de poussière semés aux vastes
» plaines.

» Oui, l'on ne doit rien attendre des hommes qui n'osent
» pas ou ne savent pas prononcer le nom de Dieu (1). »

Et la même voix disait à l'autre :

« Les symptômes qui nous frappent et nous pressent sont
» les dernières convulsions de l'incrédulité. — Dieu n'est
» pas loin de nous.

» Tous les hommes qui le sentent dans leurs cœurs, dont
» les yeux se mouillent de douces larmes en contemplant la

____

(1) *Méditations*, pages 138 et 139.

» majesté de la création ; — ceux dont la voix s'anime et
» vibre en parlant de la charité chrétienne, dont l'âme fré-
» mit et s'inspire aux pensées d'une autre vie ;—ceux dont
» le front pâlit en voyant couler le sang de leurs frères, que
» le malheur des autres rend malheureux eux-mêmes, —
» tous doivent se réunir et former un saint concert, pour
» tirer les nations de leurs angoisses et de leurs douleurs.

» Il ne faut que quelque peu de cet amour divin qui donne
» la vie au monde pour se faire écouter et sentir (1). »

Et peut-être nos larmes ont-elles coulé en même temps
sur les lignes suivantes :

« Que veut le poëte ? — Etre immortel, — Il use ses
» jours d'ici-bas dans ce sublime suicide de sa vie matérielle.
» Pourquoi ? — L'a-t-il créé ce besoin qui le consume et le
» dévore ? — Il obéit aux lois de l'amour qu'il a reçu de
» Dieu pour en verser les flots sur la terre et la féconder
» en merveilleuses harmonies (2). »

Nous ne jugerons point les *Méditations sur les temps présents*, nous les laisserons juger au grand poëte des âmes ten-
dres et des esprits religieux, à Lamartine. Voici ce qu'il
écrivait à Talvande :

« Je n'ai voulu lire qu'en repos vos belles méditations.
» Ce ne sont pas des pages à parcourir dans le tumulte de
» la vie de Paris, où tout est superficiel. J'ai attendu la
» campagne ; je viens de vous lire, et j'éprouve le besoin,
» non-seulement de vous remercier de la lettre qui accom-
» pagne le livre, mais du livre lui-même.

» Je m'y suis retrouvé tout entier ; à cent lieues de dis-
» tance le même rayon de lumière nous a frappés du même

---

(1) *Méditations*, pages 60 et 61.
(2) *Méditations*, pages 115 et 116.

» jour. Comme vous, j'attache peu d'importance à toute
» forme politique ; qu'importe de donner forme à ce qui n'a
» pas âme ? C'est donner l'attitude à ce qui n'a pas vie ;
» c'est puéril. — La question de ce temps-ci est évidemment
» de retrouver l'*unité vitale* dans la pensée éparse de l'hu-
» manité, et de lui rendre une *foi* par la raison. Or,
» comme vous l'avez admirablement senti, l'esprit humain
» ne rétrograde pas , et la foi rationnelle dont il a soif ce
» n'est pas sur le terrain du passé , ni dans les ténèbres du
» moyen-âge qu'il la retrouvera ; c'est dans le sentiment
» religieux, qui est sa nature, et dans la raison , qui est sa
» lumière. L'union de ces deux forces sera féconde, et le
» monde reprendra vie et action. Le christianisme rappelé
» à sa simplicité et à sa raison primitive est encore la di-
» vine sphère où cette union s'opèrera.

» La politique sera son expression vraie et utile alors, comme
» elle a été si long-temps son expression menteuse et meur-
» trière. Cette vérité travaille tous les esprits avancés et
» courageux. Nous sommes frères dans cette pensée , puis-
» sions-nous l'être dans l'action.

» Adieu, Monsieur, ne m'oubliez pas, quand vous ex-
» primerez de nouveau quelques formules du symbole qui
» se révèle à tous, et qui n'aura d'autre messie que le verbe
» et l'action de tous. Croyez à ma vive sympathie et à ma
» sincère admiration.   Lamartine.

» Saint-Point , 29 juillet 1835. »

Et dans le même temps M. de Chateaubriand, emportant
aussi le livre de Talvande pour le lire dans le calme des
champs et loin des bruits tumultueux de la capitale, écrivait au jeune auteur : « Vos méditations serviront sans
» doute à me rassurer sur l'avenir d'un monde qui se
» décompose. »

Mais Talvande protestant au nom du Christ contre ce cri de désespoir échappé à l'auteur du *Génie du Christianisme*, reprenait la plume et commençait une nouvelle méditation par ces mots : « Non, le monde ne se décompose point. »

Cette méditation fait partie de cinq méditations inédites, écrites dans les intervalles que lui laissaient les souffrances croissantes de sa maladie. Elles témoignent d'un talent au moins égal aux premières, et d'une foi, sinon plus vive, du moins plus ferme dans la partie dogmatique des croyances. La raison de Talvande avait accepté le symbole complet du catholicisme, et aux derniers instants le pain de la vie immortelle présenté par une main sainte et amie fut déposé sur ses lèvres mourantes. Tous ceux qui le virent après ces devoirs accomplis attestent qu'une sorte de splendeur céleste illuminait son visage et animait ses yeux.

Mais sur la terre tout était consommé, et Talvande expira le 11 janvier 1838, à 5 heures du matin.

Que quelques-uns voient dans cette progression de croyances les symptômes d'une intelligence qui s'éteint, on peut y voir à aussi bon droit les inspirations d'une intelligence qui s'éclaire. Au surplus, il ne s'agit pas ici d'une discussion théologique ; il ne s'agit pas d'exposer ou d'apprécier les motifs qui retiennent tant d'entre nous dans un christianisme solitaire, les uns aspirant vers Dieu dans l'isolement et le secret de leurs demeures, les autres allant le prier dans le temple, mais arrêtés encore à quelques pas de l'autel ; mais du moins, en présence de la terre qui recouvre des restes vénérés, tout homme malgré lui s'interroge et se demande au fond de sa conscience : Qu'est-ce donc que la tombe ?

Alors aux uns la philosophie des sens répond : Cette tombe, — c'est un trou recouvert d'une pierre, où pourrit et se décompose l'être de chair que vous avez aimé. Mais à ceux que l'esprit inspire il est répondu : Cette tombe est une borne placée sur le chemin de l'immortalité : plus heureux que vous, votre ami l'a franchie ; pauvre voyageur, reposez-vous là, et prenez des forces pour le reste de la route.

A celui qui est assez malheureux pour avoir perdu la faculté de croire, ô mon Dieu, accordez une dernière grâce : enlevez-lui aussi la faculté d'aimer. Si l'orage vient à renverser le fragile édifice de ses affections et de son bonheur terrestre, s'il ne peut alors, comme la brute, se réfugier dans l'oubli, que lui reste-t-il ? Le désespoir, le suicide, le crime.

Pour nous, nous fléchissons comme d'autres sous le souffle de la tempête, mais c'est pour nous relever ; nous pleurons, mais chacune de nos larmes est colorée des reflets de l'arc-en-ciel de l'espérance ; nous sommes séparés de ce que nous aimons, mais nous entrevoyons le jour de la réunion éternelle ; et, en attendant même ce jour, la prière établit une communication actuelle et mystérieuse entre nous et nos morts chéris ; la prière, chaîne immense qui unit un monde à l'autre et dont Dieu tient l'anneau.

C'est avec de tels accents, et non avec de vaines consolations mondaines, que nous oserons aborder la douleur d'un père et d'un frère. Mais à la compagne d'Alexis, à la mère des deux anges qu'il a laissés comme gages de son amour, à celle dont le cœur est si vide, qu'oser dire ? Ah ! nous emprunterons le langage de celui qu'elle a tant aimé, et qui écrivait sous le poids d'un pressentiment funeste (1) :

« O ma fille ! si je mourais, ta pauvre mère aurait-elle le
» courage et la vertu de vivre après moi ? »

---

(1) Méditation 7. Inédite.

Mais son âme reprenait confiance, et sa main traçait ces belles paroles (1) :

« Oh ! le souffle de Dieu descend sur la pauvre mère et
» sur la veuve désolée. »

Mars 1838.

____

(1) Même méditation.

Nantes , imp. de Camille Mellinet.—27,389.